AF602283

1913 - Avril 23

VENTE AUX ENCHÈRES PUBLIQUES

HOTEL DROUOT, SALLE N° 11

LES [MERCREDI] 23 ET JEUDI 24 AVRIL 1913

1° NOMBREUX OBJETS DE PIÉTÉ & DE SACERDOCE

En Bronze, Cuivre, Métal, Bois sculpté, etc.

Baisers de paix, Plaques, Bénitiers, Croix, Reliquaires, Bas-reliefs et Statuettes

OBJETS DE VITRINE, OBJETS VARIÉS

Mortiers, Flambeaux, Coffrets, Éventails, Montres, Bourses, Ivoires et autres

TABLEAUX

APPARTENANT A X...

2° Objets d'Art et d'Ameublement

PORCELAINES ET FAIENCES

Marbres, Bronzes, Cuivre, Argent, Métal, Pièces variées en émail
Pendules, Miniatures, Objets de vitrine, Ivoires et bois sculptés, Glaces, Armes

TABLEAUX ET LIVRES

Portrait de l'Ecole Anglaise du XVIIIe siècle

Meubles et Sièges = Tapis et Tentures

APPARTENANT A Y...

COMMISSAIRE-PRISEUR	EXPERT
Me GEORGES AULARD	**M. GEORGES GUILLAUME**
6, rue Saint-Marc	13, rue d'Aumale

EXPOSITION PUBLIQUE

Le Mardi 22 Avril 1913, de deux heures à six heures

CONDITIONS DE LA VENTE

Elle sera faite au comptant.

Les adjudicataires paieront DIX POUR CENT en sus des enchères.

Paris — Imp. de l'Art, CH. BERGER, 41, rue de la Victoire.

DÉSIGNATION

1° Objets appartenant à X...

TABLEAUX

RAPHAEL (D'après)

1 — *La Vierge à la chaise.*

Toile-médaillon; cadre doré et sculpté à rinceaux et mascarons.

ÉCOLE FRANÇAISE

2 — *Sainte Madeleine.*

Toile. Cadre ajouré à feuillages.

ÉCOLE FRANÇAISE

3 — *Portrait de Jeune Fille, drapée dans un peplum blanc.*

Toile. Cadre doré à feuillages.

ÉCOLE FRANÇAISE

4 — *Buveurs.*

Panneau.

ÉCOLE ITALIENNE

5 — *La Naissance du Christ.*

Petit panneau.

OBJETS VARIÉS

BRONZE, CUIVRE, FER, MÉTAL

BAISERS DE PAIX, PLAQUES, BÉNITIERS CROIX, MORTIERS, FLAMBEAUX, COFFRETS, ETC.

6 — Deux baisers de paix, dont l'un en cuivre doré.

7 — Deux baisers de paix, l'un représentant une Crucifixion en cuivre à patine brune, l'autre représentant une Mise au tombeau en cuivre doré. Travail italien du XVIIIe siècle.

8 — Baiser de paix en cuivre repoussé et doré. Travail italien, XVIIIe siècle.

9 — Plaque de cuivre pour une gravure : Portrait, d'après LEBRUN, par ROUSSELET.

10 — Sainte Famille. Plaque en cuivre repoussé et argenté. Travail italien. Commencement du XIXe siècle.

11 à 13 — Dix plaquettes en cuivre, icones russes, pleines ou avec des ajourés; deux portent des traces d'émail.

14-15 — Quatre plaques en cuivre et émail champlevé, à sujets religieux russes, deux identiques, mais différentes d'émail, représentent la Mort de la Vierge, une autre représente un évangéliste, la quatrième la Vierge et l'Enfant Jésus. Travail russe, reproduction du XVIIe siècle.

16 à 18 — Lot de petites figurines d'applique et autres : chevalier, vierge, saint, martyr et plaquette, reproduction en bronze d'une momie égyptienne. Onze pièces environ.

19 — Petit diptyque et quinze plaques, icones russes en cuivre et émaux champlevés, ainsi qu'une croix grecque : Vierge et saint.

20 à 22 — Lot de douze triptyques en cuivre, reproductions anciennes d'œuvres exécutées dans les monastères du Mont Athos et de style orthodoxe, avec des figures de saints de l'église russe; quelques-uns sont ornés d'émaux champlevés.

23 — Icone de la Vierge et de l'Enfant, peinte sous un décor en cuivre estampé.

24 — Bas-relief en métal argenté et repoussé, présentant le Christ sur des nuées.

25 — Petit reliquaire en acier taillé, de style ogival tertiaire, monté sur une plaque de cuivre, d'inspiration romane avec des figures incisées. Cadre en acajou.

26 à 30 — Lot de reliquaires, plaquettes, médaillons de chapelet, ciseaux anciens avec chaînes, etc. Environ quinze pièces.

31 — Ciboire en cuivre repoussé et doré, copie d'une pièce romane.

32 — Ciboire en cuivre, autrefois doré. Travail espagnol du XVIIIe siècle.

33 — Lot de trois encensoirs en bronze et cuivre, dont deux anciens; l'un est muni de sa chaînette.

34 — Couvercle de bénitier, dans l'intérieur duquel se trouve une clochette. Travail flamand du commencement du XVIIe siècle.

35 à 37 — Lot de neuf petits bénitiers en bronze et dinanderie. Travail flamand, de différentes époques.

38 à 42 — Lot de pieds de calices, pieds de monstrances, nœuds de crosse, pieds de

bougeoirs, cendrier flamand, socle à sphère, etc. (Sera divisé.)

43 — Croix pour une porte de tabernacle en cuivre, avec ornements de cabochons. Art russe du XIIIe siècle.

44 — Croix processionnelle en métal argenté avec ajourés. Travail russe du XVIIe siècle.

45 — Croix processionnelle en cuivre doré, reproduction d'un modèle du XVe siècle. (Les cabochons de pierreries manquent.)

46 — Trois croix d'autel, de style russe. XIVe et XVe siècles.

47 à 49 — Lot de six croix anciennes d'applique en bronze patiné, doré ou émaillé.

50-51 — Lot de petites croix. (Sera divisé.)

52 — Mortier en bronze avec son pilon. Travail français de la fin du XVe siècle. Sur le bandeau, une inscription en abrégé est répétée quatre fois.

53 — Trois mortiers, dont deux avec leur pilon et un à anses. Travail français du XVIIe siècle.

54 — Deux petits flambeaux en bronze : chevaliers levant un bras porte-lumière. Travail espagnol de la fin du XVIe siècle.

55 à 60 — Lot de quinze flambeaux en cuivre, la plupart anciens, de différentes époques. (Sera divisé.)

61 — Deux petites lanternes anciennes en feuilles de cuivre repoussé, remontées avec des verres modernes. XVIIIe siècle.

62 à 65 — Lot de coffrets, brûle-parfums et vases en métal. Art oriental. Quatre pièces.

66 — Petite boîte contenant deux petits pistolets à mouche dans un étui en cuir.

67 — Petit pistolet à pierre et demi-pistolet.

68 — Petit coffre en bois, recouvert de fer. Travail allemand du XVIe siècle.

69 — Coffret en bois, recouvert de fer, muni d'une serrure. Fin du XVIe siècle.

70 — Coffre en bois, recouvert de fer, à décors de croisillons et muni d'une serrure. Fin du XVe siècle.

71 — Coffret en bois, recouvert de fer, à décors ondulés et couvercle cintré, muni d'une serrure. Travail espagnol, fin du XVe siècle.

72 — Tirelire en fer peint, avec serrure. Travail flamand du XVIe siècle.

73 à 75 — Lot de poids de balance du XVIIe siècle, en bronze.

76 à 78 — Lot de vingt-cinq clés des XVe et XVIe siècles. (Sera divisé.)

79 à 81 — Lot de pinces à sucre et couvert d'enfant en métal argenté. Travail français, style Louis XV.

82 à 85 — Lot de fourchettes, cuillers et fibules en métal, de différentes époques.

86 — Bâton de corporation (probablement des jardiniers) en cuivre estampé et argenté. Travail français, milieu du XVIIIe siècle.

87 à 90 — Lot d'objets, comprenant deux grelots de cuivre et une série de clochettes de table et cloches d'autel. Huit pièces en bronze, de différentes époques.

BOIS SCULPTÉ

BAS-RELIEFS, STATUETTES

MARBRES, OBJETS VARIÉS

91 — Mater dolorosa, petit bas-relief polychromé, dans un cadre de style Renaissance en cuivre repoussé, orné de quatre cabochons.

92 — Sainte Madeleine, petit bas-relief en buis. Travail de Souabe, commencement du XVIIe siècle.

93 — Statuette de la Vierge, portant l'Enfant Jésus, en buis sculpté. Travail allemand du commencement du XVIIe siècle.

94 — Deux Vierges en bois sculpté, dont l'une portant le Christ mort. Travail portugais du XIVe siècle.

95 — Statuette d'applique en bois polychromé de sainte Ursule debout. Travail flamand de la fin du XVe siècle.

96 — Deux petites statuettes d'abbés mitrés, en habits sacerdotaux. Bois sculpté et peint. Travail allemand de la fin du XVe siècle.

97 — Petite croix en buis sculpté. Travail russe du XVIIe siècle. Ses deux faces portent des épisodes de la vie de Jésus.

98 — Tabatière en buis, imitation d'un ancien modèle mexicain.

99 — Casse-noisette en buis. Travail allemand, fin du XVIIIe siècle.

100 — Sablier en bois.

101 — Deux statuettes espagnoles en terre cuite polychromée.

102 — Sept petites lampes romaines en terre cuite.

103 — Quatre morceaux d'ivoire sculpté.

104 — Petit nécessaire en forme de livre. Fin du XVIIIe siècle.

105 — Deux bourses en crochet, avec perles d'acier. Fin du XVIIIe siècle.

106-107 — Quatre montres anciennes en argent et en cuivre; deux avec des chaînes.

108 — Fixé, présentant une sainte famille; cadre en bois naturel.

109 — Panneau de diptyque, icone russe, peinture du Mont Athos.

ÉVENTAILS

110 — Éventail à monture d'ivoire argenté et peint; feuille à pastorale; l'envers présente un paysan marchant dans un site montagneux.

111 — Éventail à monture d'ivoire ajouré et doré; monture présentant trois scènes en réserve sur fond noir à dorure; envers écussonné et présentant des bustes.

112 — Éventail à monture de nacre ajourée et sculptée; feuille présentant un jeune seigneur lutinant une bouquetière.

113 — Éventail à monture d'ivoire argenté; feuille à sujet de flûtiste accoudé sur un socle près d'une bergère assise et tenant sa houlette.

114 — Éventail à monture d'ivoire peint, à panier fleuri et gerbe de blé; feuille à sujet idyllique.

115 — Éventail à monture d'ivoire ajouré et de nacre dorée; feuille à double face, présentant une réunion de lecture et des sujets galants.

116 — Éventail à monture de nacre, feuille présentant d'un côté un paysage lacustre, et de l'autre des femmes dansant.

117 — Éventail en ivoire ajouré ; feuille à double face, présentant des personnages dans un jardin et une scène de duel.

118 — Éventail à monture d'ivoire sculpté et ajouré à personnages ; feuille présentant une femme implorant son pardon.

119 — Éventail à monture d'ivoire ajouré et peint; feuille à scène de jardinage dans un parc.

120 — Éventail à monture d'ivoire ajouré et peint; feuille à sujet de femme assise et à qui des personnages présentent des fleurs et des fruits.

121 — Petit éventail à monture métallique et d'ivoire ajouré et doré; feuille à réunion de personnages enguirlandés de fleurs et dansant.

122 — Éventail à monture d'ivoire ajouré; feuille à scènes diverses en réserve sur fond noir à dorure.

123 — Éventail à monture d'ivoire ajouré et doré; feuille à sujet de sacrifice.

124 — Éventail à monture d'ivoire ajouré et argenté; feuille à réunion de personnages jouant dans un parc.

125 — Éventail à monture d'ivoire ajouré; feuille présentant un souverain sur son trône.

126 — Éventail à monture d'ivoire sculpté et ajouré à figures; feuille présentant deux personnages assis et des moutons au pied d'un monticule.

127 — Petit éventail Empire à monture d'ivoire; feuille à paillettes dorées.

128 — Éventail à monture d'ivoire peint à fleurs; feuille à réunion musicale.

129 — Éventail à monture de nacre ajourée et dorée; feuille à réunion de scènes diverses en réserve sur fond à dorure.

130 — Éventail à monture d'ivoire ajouré et peint; feuille à pastorale.

131 — Éventail à monture de nacre dorée; feuille à sujet de tir à l'arc.

132 — Éventail à monture de cuivre ajouré; feuille à sujet de personnages autour d'un perroquet.

133 — Éventail à monture d'ivoire ajouré et doré ; feuille à réunion dans un parc.

134 — Éventail à monture d'ivoire ajouré et peint; feuille à sujet de personnages devant une construction.

2° Objets appartenant à Y...

TABLEAUX, LIVRES

CICERI

135 — *Les Roches.*

Petite aquarelle rectangulaire, signée à droite en bas et datée de *1828.*

CICERI (Attribué à)

136 — *Église dans la montagne.*

Petite aquarelle rectangulaire.

ÉCOLE ANGLAISE (XVIIIe siècle)

137 — *Portrait de Walter Johnston, Esq.*

Il est assis dans un fauteuil, la tête expressive, vue de trois-quarts à gauche, appuyée sur la main ; il est vêtu d'une redingote marron à manchettes et jabot de dentelle.

ÉCOLE HOLLANDAISE (XVIIe siècle)

138 — *La Femme au clavecin.*

Toile. Cadre Louis XIV en bois sculpté et doré.

139-140 — Lot de volumes reliés : Littérature, romans modernes, partitions de musique, etc. (Sera divisé.)

PORCELAINES, FAIENCES

PARIS, SAXE, CHINE, DELFT, etc.

VAISSELLE ET VERRERIE

141 — Tasse et soucoupe en porcelaine de Paris (Dagoty), à réserves d'Amours en camaïeu, sur fond beige à dorure. Époque Empire.

142 — Autre tasse, mêmes porcelaine et époque, présentant un profil de femme sur fond marron à rayures dorées, avec sa soucoupe.

143 — Service à café en porcelaine de Paris, à décors de paysages en grisailles réservés sur fond jaune à dorure ; il comprend une cafetière, un sucrier, un pot à lait, un bol, neuf tasses et neuf soucoupes.

144 — Service à dessert en porcelaine de Paris, à décors de fruits sur fond blanc et bords bleus à dorures ; il comprend environ quatre-vingt-dix pièces : assiettes, compotiers, sucriers, etc.

145 — Seize soucoupes et treize tasses en porcelaine à réserves de fleurs sur fond bleu à dorures. Fabrication de *Jacob Petit.*

146 — Petite figurine de chat en porcelaine de *Jacob Petit.*

147 — Buste de Jeanne d'Arc en biscuit de Sèvres.

148 — Groupe en porcelaine de Saxe : Sujet galant.

149 — Paire de candélabres en porcelaine de Saxe, à fleurs en relief, munis de quatre lumières.

150 — Service en porcelaine de Saxe-Marcolini, à décors de fleurs en camaïeu grenat sur fond gaufré, comprenant une théière, une cafetière, deux pots à lait, une tasse et une soucoupe.

151 — Assiette en porcelaine de Saxe-Marcolini, à bouquets de fleurs et bords à dorure.

152 — Surtout de table, comprenant une coupe ronde ajourée et deux autres de forme ovale en porcelaine d'Allemagne, à décors de fleurs en relief ; monture de bronze ciselé et doré

153 — Figurine de vestale en biscuit de Vienne

154 — Service à thé en porcelaine de Chine, comprenant une théière et une tasse, dans un écrin en vannerie capitonné.

155 — Soupière couverte en porcelaine de Chine. à anses-dragon, décorée de vases, meubles et rameaux fleuris.

156 — Deux pots à pommade en porcelaine de Chine, à décor bleu.

157 — Potiche en ancienne porcelaine polychrome de Chine, à décor de rocailles, arbres en fleurs, buissons, volatiles et insectes. Epoque Kien-lung. Elle est transformée en lampe électrique avec monture en bronze ciselé et doré.

158 — Potiche en ancienne porcelaine de Chine, à décor de fleurs et d'oiseaux fantastisques, panse à réserves sur fond de quadrillages ; base à cannelures polychromes. (Fond percé, col coupé)

159 — Petite potiche en ancienne porcelaine de Chine, à décor de coqs, rocailles et buissons fleuris. Époque Kien-lung. Elle est transformée en lampe électrique avec monture en bronze ciselé et doré.

160 — Potiche en porcelaine bleu de Chine, à décor d'arbustes en fleurs, col à lambrequins. Elle est préparée en lampe électrique, avec monture en bronze ciselé et doré.

161 — Bouteille en porcelaine de Chine, à décor d'arbres en fleurs, col à feuillages et lambrequins. Elle est transformée en lampe électrique, avec monture en bronze ciselé et doré.

162 — Vase-balustre en ancienne porcelaine de Chine, à décor de dragons et feuillage ; il est à quatre pans, dont trois décorés de mufles de chiens de Fô.

163 — Vase-balustre à quatre pans en ancienne porcelaine de Chine, à décor d'animaux, d'échassiers et d'arbustes ; le col évasé est orné d'insectes ; la base s'enfonce dans un support ajouré.

164 — Grand vase en porcelaine de Chine, à décor de cerfs et biches allant boire parmi des rochers et des arbres. Il est muni d'anses à têtes d'animaux. Socle circulaire en bois dur.

165 — Statuette de divinité en ancien blanc de Chine.

166 — Deux figurines de Bouddhas en grès émaillé de la Chine.

167 — Huit assiettes en ancienne porcelaine de la Compagnie des Indes, à rameaux fleuris. Marli à rinceaux de feuillage.

168 — Petite coupe ronde en ancienne porcelaine de la Compagnie des Indes, à fleurs.

169 — Grande vasque à anses en porcelaine verte, à décors dorés.

170 — Petit porte-allumettes en porcelaine, décoré de fleurs et filets bleus; monture en bronze doré.

171 — Statuette de marchande de fruits en porcelaine décorée.

172 — Paire de vases couverts en faïence polychrome genre Moustiers, à personnages.

173 — Assiette en faïence polychrome de Delft, à fleurs et motifs rayonnants.

174 — Potiche lobée et couverte en ancienne faïence de Delft, à réserve d'arbustes en bleu.

175 — Deux plats ovales et quatre assiettes en faïences variées.

176 — Grande vasque en céramique flammée à fond rouge.

177 — Deux cruches et une gourde en céramique décorée.

178 — Paire de statuettes en biscuit, se faisant pendants : Marquis et marquise.

179 — Service de verrerie, comprenant quatre carafes et un lot de verres à vin à bordeaux, à madère et à champagne.

180 — Deux grands verres à pied en cristal gravé, à rocailles et animaux.

181 — Verre à pied en cristal de Bohème, à bouquets de fleurs.

182 — Jardinière oblongue en verre artistique de Daum.

183 — Lot de grandes bouteilles en verre teinté.

184 — Lot de vaisselle et verrerie. (Sera divisé.)

MARBRES ET BRONZES

CUIVRE, ARGENT, MÉTAL

PENDULES

PIÈCES VARIÉES EN ÉMAIL

185 — Tête d'enfant, à collerette, en albâtre sculpté.

186 — Pendulette en marbre blanc et bronze doré, le cadran supporté par des colonnettes, flanqué de pommes de pin et surmonté d'un vase. Style Louis XVI. (*Maison Planchon.*)

187 — Pendule en cuivre ciselé et ajouré, à coquilles, rinceaux et pommes de pin, posant sur quatre pieds-griffes.

188 — Galerie de foyer en cuivre ciselé, modèle à chiens couchés se faisant face.

189 — Paire de flambeaux en bronze patiné et doré, à feuillages, munis de quatre lumières. Époque Restauration.

190 — Paire de flambeaux en bronze patiné et doré. Époque Restauration.

191 — Paire de flambeaux en bronze ciselé et doré, à guirlandes et rangs de perles; base circulaire en marbre blanc. Style Louis XVI.

192 — Paire de flambeaux en bronze ciselé et doré, de style rocaille.

193 — Deux lampes à pied en bronze ciselé et doré, posant sur griffes et contre-socle par une tige à cannelure.

194 — Vase en ancien bronze patiné de la Chine, à décor d'animaux et d'arabesques et flanqué d'anneaux. Socle circulaire en bois dur.

195 — Deux vases en cuivre repoussé, à fleurs de lys.

196 — Marmite à anses en bronze patiné de la Chine, le fond décoré de dragons.

197 — Deux brûle-parfums, forme panier, en cuivre gravé et ajouré.

198 — Motif de décoration en bronze patiné de la Chine, représentant un dragon et renfermé dans un coffre en bois des îles.

199 — Figurine de divinité hindoue en bronze patiné et doré.

200 — Figurine de Dieu assis en bronze giselé et doré. Travail siamois.

201 — Petite lampe en métal argenté, préparée pour l'électricié.

202 — Petite croix en argent gravé, ornée des instruments de la Passion et du monogramme du Christ.

203 — Service en vermeil, comprenant : théière, sucrier, deux tasses avec leurs soucoupes, deux gobelets et deux cuillers, ainsi qu'un plateau. Le tout marqué d'initiales et renfermé dans un écrin. (*Maison Guerchet.*)

204 — Service en émail, à décor d'arabesque, de fleurs et de personnages, comprenant : un plateau rectangulaire, deux cafetières et six petites tasses.

205 — Grand bol en émail, à décor d'arabesques et rinceaux fleuris à fond bleu et dorures.

206 — Bol couvert en émail à feuillage.

207 — Quatre petites tasses quadrilobées et leurs soucoupes en émail, à décor de fleurs sur fond violet et bordure jaune.

208 — Deux cendriers carrés en émail, à dragons sur fond bleu.

209 — Quatre petites pelles en émail, à personnages chinois en réserve sur fond décoré d'arabesques.

210 — Paire de bouteilles à anses-rouleau en émail cloisonné, à décor de fleurs et papillons sur fond bleu.

211 — Deux grands coffrets, de forme mouvementée, en émail, à décor d'arabesques sur fond marron; chacun d'eux renferme un plateau en cuivre, comprenant lui-même huit compartiments et une sébile en émail.

MINIATURES

OBJETS DE VITRINE

IVOIRES ET BOIS SCULPTÉS

GLACES, ARMES

212 — Miniature circulaire : Portrait de femme en corsage blanc, coiffée à bandeau. Signée : *Jules d'Andivan* et datée : *1851*.

213 — Miniature circulaire : Portrait d'homme à perruque poudrée et redingote bleu. Cadre en bois sculpté redoré, à rinceaux de feuillage.

214 — Miniature rectangulaire : Portrait d'un homme à redingote bleue, portant des lunettes. Cadre en bois partiellement doré à palmettes.

215 — Deux boutons, décorés de petites gouaches : Scènes d'intérieurs.

216 — Série de dix boutons, montés en broches, en métal argenté, à personnages.

217 — Trois autres émaillés rouge et entourés de cailloux du Rhin.

218 — Quatre autres en nacre et cuivre, à motif étoilé.

219 — Trois autres de dimension différente en métal et strass.

220 — Deux boucles de ceinture en acier, trois autres plus petites ornées de strass.

221 — Diadème à monture métallique, présentant un rameau de feuillage et de fleurs en pierreries et fausses perles.

222 — Figurine de personnage mandchou sculpté dans un bloc d'ivoire.

223 — Deux figurines de personnages chinois en ivoire sculpté.

224 — Deux autres plus petites.

225 — Cinq netzukés variés en ivoire et bois sculpté.

226 — Vingt-neuf pions d'échecs en ivoire et ébène, finement sculptés.

227 — Coffret, forme malle, en marqueterie de bois de couleur incrusté de nacre.

228 — Plateau ovale en incrustation de burgau, à sujet de bataille.

229 — Boîte à sel en bois naturel, munie d'un abattant et d'un tiroir.

230 — Motif de sculpture en bois sculpté, présentant une tête d'ange. Travail italien.

231 — Glace en bois sculpté et redoré, à feuillage, surmontée d'un vase fleuri. XVIIIe siècle.

232 — Glace rectangulaire. Cadre en chêne ajouré.

233 — Grand rouet en bois mouluré.

234 — Poignard oriental, à manche d'ivoire sculpté, fourreau de velours violet, à monture de métal niellé, orné d'arabesques.

235 — Sabre japonais à fourreau de laque poudrée d'or, décoré d'échassiers; manche en peau de serpent et monture de cuivre ciselé et gravé.

236 — Autre sabre japonais à fourreau et manche de galuchat; monture en cuivre ciselé et ajouré.

MEUBLES ET SIÈGES

TAPIS, TENTURES

237 — Mobilier de chambre à coucher en citronnier fileté de bois de palissandre, comprenant : un lit de forme bateau et sa literie, une armoire à glace et une table de nuit à volets.

238 — Commode, couverte d'un marbre bleu turquin et surmonté d'une étagère, assortie au précédent mobilier.

239 — Coiffeuse à col de cygne et couverte d'un marbre bleu turquin, également assortie.

239 *bis* — Deux fauteuils et deux chaises gondole assortis, couverts de velours frappé bleu à médaillons.

240 — Commode mouvementée en bois noirci, à trois tiroirs munis de poignées en cuivre.

241 — Commode en bois naturel sculpté à palmes et feuillages, munie de deux tiroirs, et ornée de poignées en cuivre. Époque Régence.

242 — Petit meuble-bibliothèque, de forme plate, en acajou, à deux casiers, posant sur pieds cambrés et couvert d'un marbre blanc. Style Louis XV.

243 — Meuble à casiers en bois clair et muni de tablettes.

244 — Étagère en bois pyrogravé.

245 — Deux meubles-étagères chinois en bois dur.

246 — Petite étagère d'applique en bois sculpté.

247 — Support en chêne mouluré, autre en bois noir, à pieds cambrés.

248 — Pied-support à cannelures en bois verni.

249 — Table Louis XIII en noyer et bois noir, posant sur pieds tors, à croisillon d'entre-jambes.

250 — Table à thé en bois verni, à deux tablettes, celle du bas munie d'une galerie.

251 — Table à jeu en placage de palissandre.

252 — Table-gigogne, de forme ovale, en acajou fileté de bois clair. Art anglais.

253 — Table de bouillotte en acajou, à filets de cuivre, munie de deux tiroirs et de deux tirettes, et posant sur pieds cannelés; dessus en marbre blanc à galerie. Style Louis XVI.

254 — Guéridon rectangulaire en chêne sculpté, muni d'un tiroir.

255 — Autre en bois naturel, à pieds cambrés.

256 — Autre en chêne, posant sur pieds à cannelures.

257 — Autre en chêne, à pieds cambrés, muni d'un tiroir étroit.

258 — Petit guéridon rectangulaire en acajou, orné de bronze, à tablette d'entrejambes et couvert d'un marbre cervelas. Style Louis XVI.

259 — Console en bois naturel sculpté, à entrelacs, guirlandes et vase d'entrejambes; elle est couverte d'un marbre blanc. Style Louis XVI.

260 — Table-bureau rectangulaire en acajou, couverte d'un cuir vert et munie de deux tiroirs. Art anglais.

261 — Bureau en acajou, à étagère.

262 — Coiffeuse d'homme en acajou, posant sur pieds cannelés et couverte d'un marbre blanc veiné. XVIIIe siècle.

263 — Buffet, à deux corps, en noyer sculpté, à fronton orné de feuillages ; la partie supérieure est vitré et le bas est muni de deux portes et de deux tiroirs à ferrures. Style Régence.

264 — Petite armoire en bois naturel sculpté à coquilles et quadrillage, munie de deux portes et d'un tiroir. Style Régence.

265 — Bahut, à deux corps, muni de portes et de tiroirs, et surmonté d'un fronton débordant à créneaux.

266 — Autre bahut, sculpté à pointes de diamant.

267 — Autre, à une porte et deux tiroirs, à hauteur d'appui.

268 — Armoire à glace, table de chevet et guéridon rectangulaire en pitchpin.

269 — Toilette en pitchpin, couverte d'un marbre blanc.

270 — Petit modèle de secrétaire en placage de bois de rose fileté d'amarante ; il ouvre par un abattant, deux portes et un tiroir.

271 — Deux coffres à bois en chêne mouluré.

272 — Paravent à trois feuilles, en bois laqué gris, foncé de canne et de soie à paillettes. Style Louis XVI.

273 — Écran en bois naturel sculpté, à fronton-carquois, couvert de tapisserie au point à guirlandes. Style Louis XVI.

274 — Autre en bois doré, à rubans et guirlandes ; feuille brodée à fleurs.

275 — Lit en fer verni, avec sa literie.

276 — Petit canapé en acajou, orné de bronzes, couvert de tapisserie au point à rosaces et lyre. Style Directoire.

277 — Petit canapé en bois sculpté et doré, à feuillages, foncé de canne et couvert d'un coussin mobile en soierie brochée. Style Louis XVI.

278 — Bergère en noyer sculpté, à fleurs et moulures, couverte de tapisserie au point à quadrillages sur fond vert et munie d'un coussin mobile. Style Louis XV.

279 — Bergère en bois sculpté et laqué blanc, couverte de velours côtelé vert et muni d'un coussin mobile. Style Louis XVI.

280 — Fauteuil Louis XVI en bois naturel, à dossier-médaillon, couvert de toile imprimée à bouquets de roses et rubans.

281 — Deux autres fauteuils Louis XVI, à dossiers-médaillon, couverts de velours gris-bleu.

282 — Autre en bois naturel sculpté à feuillage, couvert de tapisserie au point. Époque Louis XIV.

283 — Deux autres, Louis XVI, en bois laqué gris, couverts de velours frappé grenat à médaillons.

284 — Fauteuil d'enfant en bois sculpté et laqué blanc, foncé de canne. Style Louis XVI.

285 — Fauteuil en bois verni, à haut dossier, couvert de velours à fleurs. Art anglais.

286 — Trois autres en noyer, à barreaux, couverts de toile imprimée, à décors rouges et munis de coussins mobiles.

287 — Trois chaises rustiques, à fond de paille et munies de dossiers ajourés à animaux.

288 — Banquette mouvementée en bois naturel, à ceinture de rinceaux et pieds cambrés, couverte de tapisserie au point à quadrillages. Style Louis XVI.

289 — Autre semblable, couverte de velours jaune à rayures.

290 — Deux tabourets en bois naturel sculpté, ceinturés d'entrelacs et posant sur pieds gainés de feuillage; ils sont couverts de toile imprimée.

291 — Autre tabouret, à pieds cambrés, de style Régence, couvert de velours frappé vert, à quadrillages.

292 — Trois tabourets ovales en bois doré, couverts de tapisserie aux points à fond crème. Style Louis XVI.

293 à 295 — Lot de meubles courants. (Sera divisé.)

296 — Grand tapis de Smyrne, à décors variés sur fond crème.

297 — Carpette en tissu de corde, de différentes couleurs, à motifs étoilés.

298-299 — Lot de rideaux et tentures en étoffes de fantaisie brodées, toile imprimée, damas, taffetas, tapisserie au point, etc. (Sera divisé.)

300 — Objets omis.

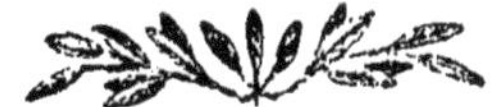

www.ingramcontent.com/pod-product-compliance
Ingram Content Group UK Ltd.
Pitfield, Milton Keynes, MK11 3LW, UK
UKHW020508180726
13839UKWH00004B/1976

9 782329 512129